PUBLICATIONS DE LA RÉUNION DES OFFICIERS

MÉLANGES MILITAIRES
XLI. XLII

L'EXPLOITATION
DES
CHEMINS DE FER FRANÇAIS

PAR

LES ARMÉES ALLEMANDES

D'après des documents officiels allemands

PAR

M. MARTNER
CAPITAINE D'ÉTAT-MAJOR

Avec Carte

PARIS
CH. TANERA, ÉDITEUR
LIBRAIRIE POUR L'ART MILITAIRE ET LES SCIENCES
Rue de Savoie, 6

1872

L'EXPLOITATION

DES

CHEMINS DE FER FRANÇAIS

PAR LES ARMÉES ALLEMANDES

PUBLICATIONS DE LA RÉUNION DES OFFICIERS

I. — **L'Armée anglaise en 1871, au point de vue de l'offensive et de la défensive.** Brochure in-12. . . . . 25 c.

II. — **Organisation de l'armée suédoise.** — **Projet de réforme.** Brochure in-12. . . . . 25 c.

III-IV. — **Mode d'attaque de l'infanterie prussienne dans la campagne de 1870-1871.** par le duc GUILLAUME DE WURTEMBERG, traduit de l'allemand par M. CONCHARD-VERMEIL, lieutenant au 13e régiment provisoire d'infanterie. Brochure in-12. . . . . . . 50 c.

V. — **De la Dynamite et de ses applications pendant le siége de Paris.** Brochure in-12. . . . . 25 c.

VI. — **Quelques idées sur le recrutement,** par G. B. Broch. in-12. 25 c.

VII. — **Etude sur les reconnaissances,** par le commandant PIERRON. Brochure in-12. . . . . 25 c.

VIII-IX-X. — **Etude théorique sur l'organisation d'un corps d'éclaireurs à cheval,** par H. DE LA F. Brochure in-12 . . . 75 c.

XI-XII-XIII. — **Etude sur la défense de l'Allemagne occidentale, et en particulier de l'Alsace-Lorraine.** Traduit de l'allemand. Brochure in-12. . . . . 75 c.

XIV. — **L'armée danoise.** — Organisation. — Recrutement. — Effectif. Brochure in-12. . . . . 25 c.

XV-XVI-XVII. — **Les places fortes du N.-E. de la France, et essai de défense de la nouvelle frontière.** Brochure in-12. 75 c.

XVIII-XIX. — **Considérations théoriques et expérimentales au sujet de la détermination du calibre dans les armes portatives,** par J. L., capitaine d'artillerie. Brochure in-12 . . . . 50 c.

XX. — **Des bibliothèques militaires,** de l'établissement d'un catalogue et de la tenue des principaux registres. Brochure in-12. 25 c.

XXI-XXII-XXIII-XXIV. — **L'artillerie au siége de Strasbourg en 1870.** Notes recueillies par un officier de l'artillerie suisse, traduit de l'allemand par P. LAUZILLIÈRE, capitaine d'artillerie. Brochure in-12 avec plan . . . . 1 fr.

XXV-XXVI. — **L'artillerie de campagne des grandes puissances européennes et les canons rayés.** Traduit de l'allemand par M. MÉERT, capitaine d'artillerie. Brochure in-12. . . . . . . 50 c.

XXVII. — **Des canons et fusils à vapeur,** par J. L., capitaine d'artillerie. Brochure in-12. . . . . 25 c.

XXVIII-XXIX. — **La cavalerie de réserve sur le champ de bataille,** d'après l'italien, par FOUCRIÈRE, sous-lieutenant au 81e régiment. Brochure in-12. . . . . 50 c.

XXX. — **De la répartition de l'armée sur le territoire.** Brochure in-12 . . . . 25 c.

670 — Paris, Imp. H. Carion, rue Bonaparte, 64.

L'EXPLOITATION

DES

CHEMINS DE FER FRANÇAIS

PAR

LES ARMÉES ALLEMANDES

D'après des documents officiels allemands

PAR

M. MARTNER

CAPITAINE D'ÉTAT-MAJOR

Avec Carte

PARIS

CH. TANERA, ÉDITEUR

LIBRAIRIE POUR L'ART MILITAIRE ET LES SCIENCES

Rue de Savoie, 6

1872

L'EXPLOITATION
DES
CHEMINS DE FER FRANÇAIS
PAR LES ARMÉES ALLEMANDES

Au moment où la création d'un corps français de chemins de fer est à l'ordre du jour, il nous a paru utile de faire connaître le rôle considérable qu'ont joué les sections allemandes de chemins de fer pendant la funeste guerre de 1870, ainsi que la marche de l'envahissement de nos voies ferrées.

On sait que, suivant l'exemple donné sur une si large échelle par les Américains dans la guerre de sécession, le gouvernement prussien avait organisé, déjà avant la campagne de 1866, des détachements mixtes, formés de troupes du génie et d'ouvriers ou d'employés de chemins de fer qui rendirent les plus grands services dans la guerre qu'il soutint contre l'Autriche, et en particulier dans les marches à travers la Saxe.

Cette institution, qui reçut une nouvelle consécration dans les derniers événements, comporte sans doute encore des perfectionnements, car nous avons vu récemment qu'aux sections détachées la Prusse vient de substituer le bataillon comme unité tactique et permanente. Notre but n'est pas de discuter la valeur de cette modification, mais bien de faire ressortir par les faits accomplis l'importance et la nécessité d'une organisation semblable en France.

Les sections de chemins de fer allemandes étaient au nombre de six, dont une bavaroise et une prusso-badoise.

Leur composition était généralement la suivante : 1 ingénieur directeur, ayant rang de colonel ; 3 ingénieurs ordinaires ; 2 ingénieurs adjoints ; 2 machinistes ; 8 chefs de train ; 1 directeur du matériel ; 1 comptable ; 24 ouvriers techniques ; une compagnie du génie forte de 5 officiers, dont un capitaine commandant, 200 hommes environ et 60 chevaux.

La section, à moins d'être spécialement attachée à un corps d'armée, recevait directement les ordres du grand état-major général.

Le rôle des sections se résume dans les opérations suivantes :

Dans la marche en avant : reconnaître les chemins de fer se trouvant dans le rayon de leur action ; aplanir les obstacles ; rétablir les ouvrages d'art détruits ; organiser dans les gares tout ce qui est nécessaire à un transport militaire ; y établir de nouvelles voies ; créer de nouvelles stations ; en un mot, reconstituer entièrement le service.

Dans la marche en retraite :

Eloigner le matériel roulant ou le mettre hors d'état de servir ; détruire la voie, les ponts et ouvrages importants, les réservoirs d'eau, et enlever enfin à l'ennemi l'avantage de la voie ferrée.

Dès le début des hostilités, au mois de juillet, pendant que de part et d'autre on se concentrait, un détachement de uhlans, sous la direction d'ingénieurs de chemins de fer, détruisaient la voie française entre Sarreguemines et Haguenau, en faisant sauter un viaduc et en arrachant un grand nombre de rails.

Donnons quelques détails sur cette opération, qui fut la première de ce genre pendant la campagne et qui montre quelle valeur on attachait, de l'autre côté du Rhin, au libre usage de cette voie ferrée.

Dans la nuit du 18 au 19 juillet, on reçut l'ordre à Saarbruck de chercher à détruire le viaduc situé entre Haguenau et Sarreguemines, ouvrage dont la destruction paralyserait entièrement cette ligne de fer, parallèle à la frontière. Les uhlans du 7e régiment se présentèrent tous pour faire ce coup de main. On en choisit trente, que l'on mit sous les ordres d'un lieutenant, et l'on partit dans la nuit pour Deux-Ponts, où l'on s'adjoignit un ingénieur et un architecte. A Neunkirchen on recruta quelques mineurs déterminés, et l'on se mit en route le lendemain, après le coucher du soleil, avec quelques voitures portant les ustensiles nécessaires.

La vigilance des avant-postes français arrêta toute tentative cette nuit, ainsi que la suivante. On préféra se retirer, non sans avoir fait une reconnaissance approfondie des lieux.

Les deux jours suivants furent employés par le personnel civil, adjoint à l'opération, à se procurer des chevaux et surtout à se familiariser avec l'équitation. On repartit, mais à cheval et sans voitures, dans la nuit du 23. Pendant que les postes français, surpris par les uhlans étaient mis dans l'impossibilité de nuire, les ingénieurs préparaient leurs fourneaux, qui au bout de peu de temps éclatèrent en détruisant l'ouvrage. D'un autre côté, un groupe de uhlans avait utilisé la dynamite pour bouleverser une certaine étendue de la voie ferrée. Le détachement se retira au galop, sans perdre un homme, devant l'arrivée des troupes françaises attirées par l'explosion.

Tandis que les Prussiens faisaient déjà des incursions préjudiciables sur notre territoire, ils prenaient sur le leur toutes les précautions suggérées par la prudence. Ainsi, ils n'hésitèrent pas à faire sauter, dès le 22 juillet, le magnifique pont de Kehl; tout le matériel des chemins de fer de Trèves à Luxembourg, de Saarbruck à Sarreguemines et à Bingerbruck était emmené au delà du Rhin, c'est-à-dire 60 locomotives et plus de 2,000 wagons.

Cette mesure, on le sait, n'eut qu'une faible durée, et dès le 7 août, après les sanglantes journées du 4 et du 6, la ligne frontière de Wissembourg à Haguenau et à Forbach, ainsi que la ligne qui s'en détache vers Metz jusqu'à Faulquemont, étaient tombées au pouvoir de l'ennemi, avec plusieurs trains chargés d'approvisionnements.

Les sections de chemins de fer travaillèrent à réparer le mal qu'elles avaient causé le 24 juillet, et dès le 12 août la communication sur les derrières de l'armée était rétablie entièrement et servait à l'évacuation des blessés,

Le 14, on coupe le nœud important de Frouard. Dès lors, les communications de l'armée du Rhin avec Paris sont coupées. Avant même que la bataille du 18 nous ait refoulés dans ce camp retranché qui doit nous servir de prison, l'ennemi, prévoyant une longue interruption de la ligne Saarbruck-Nancy-Paris, entreprend sans tarder une section destinée à relier Remilly à Pont-à-Mousson, et tournant par conséquent la place de Metz.

Ce grand travail est exécuté dès le 12 août, par les première et troisième sections de chemins de fer, assistées de près de 3,000 ouvriers mineurs de Saarbruck; chaque section se dirigeait l'une vers l'autre en partant des deux extrémités. Il fut inauguré le 27 septembre. Dans ce court laps de temps on avait fait, à la manière américaine, près de 37 kilomètres de chemin de fer. On avait construit, en bois, deux viaducs, dont l'un avait 165 mètres de long, et deux ponts, l'un sur la Seille, de 16 mètres; l'autre sur la Moselle, de 93 mètres de longueur, sans compter plusieurs tranchées et terrassements importants.

Pendant que ces travaux s'exécutaient dans les environs de Metz, les sections qui suivaient les armées du prince royal avaient leur part dans cette œuvre de réinstallation. Ainsi, le 19 août, le lendemain de Gravelotte, la ligne de Wissembourg à Paris, qui devenait la principale ligne d'opérations de l'armée prussienne, était déjà parcourue par des locomotives allemandes jusqu'à Lunéville; et le 22, malgré les obstacles créés entre cette ville et Nancy, grâce au zèle déployé par les sections, le premier train prussien entrait dans la capitale de la Lorraine.

Le 27, on se décidait, après avoir sommé inutilement la place de Toul, à construire un chemin de fer provisoire destiné à tourner cette ville. Ce tronçon, qui devait aller de Fontenoy à Commercy, fut entrepris par la section des chemins de fer de la troisième armée. Mais la libre circulation de la ligne ayant été rétablie, le 23 septembre, par la capitulation de Toul, les travaux furent arrêtés.

Toutefois, malgré les prodiges d'activité déployés par le corps des chemins de fer, l'exploitation des lignes françaises, conquises ainsi pas à pas, ne laissait pas que d'offrir de grandes difficultés. Une des plus considérables venait de la pénurie de personnel.

Les employés français avaient, sauf quelques rares exceptions, quitté leur poste; on avait bien dressé des soldats pour les remplacer, mais ces hommes, quoique montrant de la bonne volonté, ne possédaient pas toutes les qualités requises pour ces fonctions. On avait donc été obligé de faire venir des lignes les plus reculées de l'Allemagne des employés de toute espèce. Ce fut surtout de Silésie, pays très-riche en voies ferrées, et où les transports militaires étaient relativement moins importants, que vinrent la plupart de ces chefs de gare et conducteurs de train qui firent, pendant plus d'un an, le service sur le réseau français occupé.

Le matériel fit aussi défaut dans le commencement, mais à mesure que le territoire était envahi de plus en plus, wagons et locomotives tombèrent, en trop grand nombre malheureusement, entre les mains des vainqueurs.

C'étaient, à Châlons, à la fin d'août, 88 voitures qu'une destruction audacieuse de la ligne, dans la direction de Paris, empêcha de sauver ; à Sedan, 7 locomotives et 300 wagons; à Strasbourg, 50 locomotives livrées par la capitulation du 27 septembre, appoint précieux pour le transport futur du matériel de siége sur Paris, etc.

Le désastre de Sedan anéantit toute espèce de résistance active dans les provinces de l'Est, et nous allons assister à une extension considérable du réseau exploité sur les derrières de l'armée, et auquel la chute des petites places fortes tombées sous le feu de l'artillerie prussienne ajoutera chaque jour un nouveau tronçon.

Mais il fallait, avant tout, marcher sur Paris ; aussi n'est-ce que dans les premiers jours d'octobre que l'on va s'occuper de soulager, par l'ouverture de lignes parallèles, la ligne directe de Strasbourg à Paris, arrêtée net au tunnel de Nanteuil, que l'on avait fait sauter.

L'investissement de la capitale avait eu lieu d'une manière complète le 19 septembre ; les chemins de fer ayant été coupés, celui du Nord, en avant de Saint-Denis, celui de Lyon, à Villeneuve-Saint-Georges, celui d'Orléans, à Juvisy et entre Ablon et Athis, enfin celui de l'Ouest, à Conflans.

Les communications de l'armée d'investissement avec sa base d'opérations, n'avaient lieu, dans le principe, que par une seule ligne à double voie ; celle de Wissembourg, Saverne, Nancy, Nanteuil.

L'ouverture du chemin de Remilly à Pont-à-Mousson qui eut lieu solennellement le 23 septembre, donna à cette ligne un deuxième débouché vers Forbach, mais il ne faut pas oublier que cette grande artère n'avait pas la même activité qu'en temps de paix.

Les francs-tireurs commençaient leurs attaques, et déjà, le 29 septembre, enlevaient les éclisses des rails sur une certaine longueur, entre Epernay et Châlons, et faisaient dérailler un train. Aussi, le service par mesure de précaution, n'avait lieu que pendant le jour, de six heures du matin à six heures du soir. La vitesse des trains avait été fort réduite. Au lieu de cinquante trains qui passaient en temps ordinaire, il n'y en eut plus que douze et l'on mettait généralement cinq jours pour aller de Wissembourg à Nanteuil.

De ce point à Paris, on employa des milliers de voitures de réquisition; on fit même venir d'Allemagne des voitures à vapeur qui remorquèrent sur les routes, vers Paris, de nombreux chariots chargés de vivres et de munitions de toute espèce.

L'interruption si judicieuse de la voie à Nanteuil fit voir ce qu'on aurait pu faire dans de bien meilleures conditions encore pour le tunnel des Vosges. L'investissement de Paris, aurait été sans nul doute considérablement retardé, pour ne pas dire, entièrement empêché.

Pendant que la deuxième section prussienne assistée de nombreux travailleurs civils, réquisitionnés pour la plupart, travaillait nuit et jour, d'abord à rétablir la circulation dans le tunnel, puis ensuite, après l'écroulement des échafaudages construits avec tant de peine, à contourner la colline sous laquelle il passait, les autres sections ne restaient pas inactives.

A chaque pas en avant fait par les différents corps de l'armée prussienne, soit au nord, soit au sud, soit au delà de la zone d'investissement de Paris, les chemins de fer étaient immédiatement l'objet d'une reconnaissance faite par les ingénieurs attachés aux sections, qui se mettaient ensuite à l'œuvre pour les réparer.

Ainsi dès le 21 octobre, on exploitait sur la ligne de l'Ouest : la ligne de Paris à Rouen jusqu'à Mantes, et de Paris à Dreux ; sur le réseau d'Orléans : les lignes de Paris-Orléans. — Paris-Châteaudun. Paris-Pithiviers. — Sur celui de Lyon : Paris-Gien. Enfin sur celui de l'Est, outre la grande ligne de Wissembourg-Nanteuil, l'occupation d'Epinal et de Vesoul avait permis de ravitailler directement par voies ferrées le corps de Werder qui s'avançait dans la Bourgogne. Au nord, la capitulation de Soissons dégage la ligne de Reims à Paris, mais cette ligne ne put être exploitée qu'à partir du 17 novembre, lorsque furent achevés les travaux de réfection du tunnel de Viersy qui avait été détruit par les Français. La ligne Soissons-Laon-Hirson se trouvait aussi ouverte par cette capitulation, mais les Allemands ne songèrent jamais à la réparer.

C'est à cette époque que pour sauvegarder contre les attaques des francs-tireurs les trains qui circulaient sur les lignes occupées, le gouvernement prussien imagina de faire monter sur les locomotives, un ou plusieurs notables français pris dans les départements traversés ; mesure due au génie positif du prince de Bismarck qui répondait en ces termes aux protestations généreuses de M. de Chaudordy, organe de l'explosion d'indignation qui s'était élevée en France contre cet usage si nouveau parmi les nations civilisées.

« Jusqu'à un certain point, écrivait le chancelier, les
« chemins de fer peuvent être considérés comme un ins-
« trument de guerre ; les armées s'en servent, soit pour le
« transport des troupes, soit pour celui des munitions et des
« vivres ; mais, qu'on n'oublie pas qu'un train de chemin de
« fer pendant la guerre, transporte aussi des blessés, des

« médecins, des infirmiers, des sœurs de charité et une foule
« de personnes qui se sont vouées aux soins à donner à des
« amis ou des parents.

« Faut-il donc qu'il soit permis à n'importe quel chef de
« bande d'arracher les rails d'un chemin de fer, dans le but
« de causer la mort d'un millier de personnes inno-
« centes qui ne sont pas considérées comme des combattants?

« De deux choses l'une : ou bien, l'attaque dirigée contre
« la sûreté des chemins de fer n'a pas lieu dans la région par-
« courue par les otages, et alors ils ne courent aucun danger ;
« ou bien, cette tentative criminelle aboutit, et dans ce cas le
« sort des victimes appartenant au pays, sort qui, du reste,
« n'est pas plus cruel que celui de celles qui y sont étran-
« gères, ce sort, dis-je est une preuve sanglante et doulou-
« reuse de la grandeur de ce forfait. »

La capitulation de Metz n'augmenta pas d'une manière sensible la longueur du réseau exploité, car le nouveau chemin de fer de Remilly à Pont-à-Mousson était en pleine activité. On travailla le jour même de ce grand événement au rétablissement des voies ferrées que couvrait la forteresse, et le 31 octobre, un train venant de Mayence entrait dans la place. Le tronçon de Remilly n'eut plus de raison d'être et le service y fut suspendu.

Un temps d'arrêt se manifesta après la bataille de Coulmiers, dans cette invasion successive de nos chemins de fer. La ligne d'Orléans fut abandonnée en partie, ainsi que les travaux de réinstallation sur les lignes de Châteaudun et de Chartres. Mais dans ce mouvement légèrement rétrograde, il nous faut encore signaler l'activité déployée par les sections de chemins de fer pour sauver le matériel qu'elles avaient conquis sur nous.

Ce fut la section bavaroise qui fut en jeu dans cette circonstance.

Quelques locomotives mises hors d'usage par les Français avaient été trouvées dans la gare d'Orléans, lors de la première occupation de cette ville. Une d'entre elles que l'on baptisa *von der Thann*, sans doute en moins mauvais état que les autres, fut réparée tant bien que mal par les soins de la section et sortit des ateliers le 7 novembre pour son voyage d'essai. Elle se dirigea sur Corbeil. Le trajet fut long et le train qu'elle conduisait ne put revenir à Orléans que dans la nuit du 8 au 9.

Le 9 au matin, on reçut l'ordre d'évacuer sur Artenay tout le matériel qui se trouvait dans la gare. Le premier train que l'on put former partit vers dix heures et demie ; la machine devait immédiatement rétrograder pour prendre le reste des voitures et emmener la section ; mais comme à midi et demi rien n'avait encore paru, celle-ci se mit en retraite en longeant la voie. Il y avait là un ingénieur, un mécanicien, un chef de train, 30 soldats du génie et quelques ouvriers. Arrivés aux Aubrais, gare d'embranchement à trois kilomètres de la ville, on entendit enfin le sifflement de la machine. On retourna immédiatement vers Orléans, à toute vitesse pour essayer de sauver le train menacé. On trouva la gare encore inoccupée ; mais la machine n'avait plus d'eau. Une pompe à feu que l'on découvrit par hasard, permit de remplir la machine. On allait partir, mais le chef de train prévoyant que l'on pourrait manquer d'eau en route, eut encore le sang-froid de la faire charger sur la locomotive et ce ne fut qu'après cette opération que l'on se mit en mouvement. On passa hardiment sous les ponts qui traversaient la ligne et que couvraient déjà des tirailleurs français et l'on arriva sans accidents à Artenay.

Si l'accroissement du réseau exploité au sud de Paris avait éprouvé quelque ralentissement par suite du succès éphémère de l'armée de la Loire, vers le nord, on livrait à l'exploitation les tronçons de Gonesse à Clermont et de Creil à Beauvais. Ces lignes très-menacées par les francs-tireurs ne purent être ouvertes qu'après l'envoi de plusieurs colonnes mobiles tirées de l'armée de la Meuse. (Investissement nord de Paris.)

Dans l'est, Werder, en continuant sa marche vers le sud se trouvait toujours relié à sa base d'opérations, grâce au travail des sections qui rétablissaient les lignes au fur et à mesure qu'il avançait.

En Alsace, tout le réseau était en pleine activité; dans le Haut-Rhin, la ligne n'atteignait pas encore Mulhouse, qui ne fut réoccupé que le 14 novembre.

Sur Strasbourg-Paris, un grand fait se produisit le 23 novembre, nous voulons parler de la section contournant le tunnel de Nanteuil. Malgré les soins donnés au déblayement de cet important ouvrage d'art, un éboulement considérable avait suspendu les travaux le 9 novembre. Tous les efforts se portèrent alors sur le chemin tournant commencé presque en même temps que la réparation avortée du tunnel. Cette ligne, qui comportait des remblais de 7 à 8 mètres et des pentes très-fortes, fut exécutée en vingt-trois jours par la deuxième section, assistée de plusieurs milliers d'ouvriers. Elle avait une importance capitale, surtout pour le transport du gros matériel de siége. Elle permit aux trains venant d'Allemagne de pousser jusqu'à Chelles, et remédia à un encombrement dont on ne peut se faire une idée.

En effet, la gare de Nogent-l'Artaud, désignée dans le principe comme point d'arrivée des vivres, malgré les appropriations remarquables qu'on y avait exécutées, ne pouvait décharger en moyenne que trente et un wagons par jour, lorsqu'il y en avait cent à vider. On avait été obligé d'affecter la gare de Château-Thierry à l'armée de la Meuse, celle d'Épernay aux divisions bavaroises et wurtembergeoises, et celle de Châlons aux Prussiens. De ces points si éloignés, les charrois avaient des marches de trois à quatre jours à faire, par des routes défoncées. L'ouverture de la section de Nanteuil permit d'utiliser les gares de Lagny et de Meaux, et réduisit à un jour le temps des transports par voie de terre.

La gare de Lagny fut l'objet de travaux énormes; on y créa un grand nombre de rampes, on modifia quelques courbes, on établit de nouvelles voies pour le déchargement des munitions; enfin on construisit de nombreux magasins le long de la voie. Outre la conquête définitive de cette grande ligne, citons l'ouverture, à la date du 6 novembre, de la ligne de Blesmes à Chaumont jusqu'à Donjeux, concourant avec la ligne Blainville-Charmes au ravitaillement des corps de la deuxième armée.

Vers le nord, l'investissement des petites places frontières permettait de s'avancer par Reims jusqu'à Boulzicourt, dernière station avant Mézières, et de relier Longuyon à Thionville, le 25 novembre, après la chute de cette dernière place. Sur la ligne Thionville-Luxembourg, les travaux, quoique poussés avec activité, n'avaient pas encore permis le rétablissement d'un pont dont on avait fait sauter les arches.

L'exploitation de ce réseau déjà si compliqué était dans les attributions de commissions spéciales dépendant de la commission exécutive annexée au grand état-major et siégeant à Versailles. Ces commissions étaient, au mois de novembre, au nombre de trois : celles de Strasbourg, d'Epernay et de Nancy. Une quatrième fut créée plus tard et se forma à Chaumont. Elles étaient dirigées par un inspecteur général et assuraient le service au moyen d'un grand nombre d'employés de toute espèce, la plupart tirés des chemins de fer allemands, et qui s'élevaient, pour une seule d'entre-elles, à plus de huit cents, sans compter les ouvriers spéciaux et les soldats requis comme gardes-freins ou comme gardiens de la voie.

Le mois de décembre fut fatal au corps des chemins de fer prussiens ; nous voulons parler de la surprise de la troisième section, à Ham, le 9 décembre. Cette section, qui accompagnait l'armée du général Manteuffel, avait reçu l'ordre, après la prise de la Fère, de rétablir la voie dans la direction d'Amiens. En dix jours, trois ponts détruits par la mine près de la Fère, furent mis assez en état pour permettre à la section de marcher sur Amiens.

On s'arrêta à Ham, dont la garnison ne tarda pas à céder la place aux nouveaux venus. Il ne resta donc, pour garder ce poste, que les cent vingt hommes de la section, auxquels on adjoignit une cinquantaine de soldats tirés de la Fère. Les officiers se logèrent en ville, tandis que les hommes furent casernés dans la citadelle.

Le 9 décembre au soir, une vive fusillade se fit entendre. Surpris de tous côtés, les hommes isolés qui se trouvaient en ville et les officiers se réfugièrent dans la citadelle, où l'on essaya d'organiser un semblant de résistance. On tirailla jusque vers deux heures du matin, sans grand résultat ; les assiégés n'avaient pas d'artillerie pour répondre au canon des assaillants. Bref, on négocia, et toute la section se rendit prisonnière de guerre.

Cet insuccès ne ralentit pas les travaux de réparation des nouvelles lignes qu'ouvraient à l'exploitation allemande les revers continus des armées de la défense nationale.

Orléans avait été repris, et tout le réseau abandonné lors de la première évacuation, était déjà en pleine activité à la fin de décembre.

Les manœuvres hardies du général Faidherbe, au nord, avaient fait sentir aux Allemands la nécessité d'une communication directe de l'armée du Nord avec l'armée de siège de

Paris d'une part, et de l'autre avec Rouen, l'important centre de ravitaillement de la Normandie, tombé le 6 décembre. Aussi, avait-on commencé les travaux de réparation sur tout le réseau compris dans cette région, et dans les premiers jours de janvier, les sections livraient à la circulation les lignes de Rouen-Amiens, Amiens-Creil, Senlis-Crépy, Creil-Beauvais, Laon-la Fère.

En prenant ces dispositions pour une offensive, on n'oubliait pas les précautions nécessaires pour se garder dans la défensive, et l'on faisait sauter le viaduc d'Albert, dont la destruction devait interrompre pour longtemps la voie ferrée entre Amiens et Arras, base d'opérations de l'armée française.

D'un autre côté, pour soutenir vigoureusement les corps qui opérèrent contre les armées de l'Est et de la Loire, on ouvrait les tronçons de Châtillon à Nuits et de Mulhouse à Dannemarie. Cette dernière section fut moins difficile à réparer qu'on ne le craignait.

Ainsi, dans le voisinage d'Altkirch, un grand nombre de mines destinées à faire ébouler une profonde tranchée furent éventées ; un seul viaduc, celui de Mausbach, avait eu trois arches de rompues, tandis que le grand ouvrage de trente-six arches près d'Altkirch, avait été respecté.

Quant à la première ligne, son importance, quoique peu sensible au premier abord, était très-considérable. Qu'on jette les yeux sur une carte des chemins de fer, et l'on verra qu'elle assurait l'approvisionnement, indirect il est vrai, par voies ferrées, de l'armée de la Loire, en la reliant avec l'Allemagne. En effet, de la grande ligne d'opérations formée par le chemin de fer de Strasbourg à Lagny, se détache l'embranchement Blesmes-Chaumont-Châtillon-Nuits, qui joint cette ligne à celle de Lyon, mise elle-même en relation à Juvisy, avec la ligne d'Orléans à Paris. Cette communication fut ouverte le 14 janvier, jour où entra à Orléans, chargé de vivres, le premier train parti de Châtillon le 12.

C'est alors que, pour subvenir aux nécessités d'un service toujours croissant, fut créée la quatrième commission de chemins de fer, qui eut son siége à Chaumont, et qui eut encore dans ses attributions les lignes Orléans-Tours et Orléans-Vierzon.

L'exploitation de ce réseau compliqué et à lignes brisées, gardé par la landwehr dans presque tout son développement, fut assuré en grande partie par la capture de 10 locomotives et 600 wagons, pris au Mans après la défaite de l'armée du général Chanzy. — Au nord-est, les deux dernières places fortes commandant des chemins de fer venaient de tomber.

C'étaient, Montmédy le 14 décembre, et Mézières le 2 janvier. La chute de Mézières, en dégageant complétement la ligne parallèle à la frontière belge, déjà ouverte par celle de Montmédy, assurait, en même temps, la libre possession de deux nouvelles lignes d'opération, Mézières-Rethel-Reims et Mézières-Hirson-Laon.

Des travaux remarquables, exécutés par la première section des chemins de fer, furent nécessaires pour rétablir la circulation sur ces lignes, qui avaient énormément souffert, surtout dans le voisinage de Montmédy. Ainsi le tunnel de Longuyon et deux ponts sur le Chiers, près de Colmey, avaient été si gravement détériorés par les Saxons, lors de leur marche sur Sedan, qu'ils demandèrent un temps très-long pour leur réparation. D'autres ouvrages, tels que le pont et le tunnel de Montmédy et le viaduc de Thoune, se trouvaient sous le feu de la place, et l'on ne put en entreprendre la réparation qu'après la capitulation.

Le pont de Montmédy avait été détruit d'une façon si complète, que des deux arches de 22 mètres il ne restait plus que les culées, et que le lit du Chiers était littéralement obstrué par les débris, au point de former un véritable barrage.

Il fallut refaire une pile, dont les fondations furent établies au moyen d'énormes blocs de pierre ; on éleva là-dessus un massif formé de moellons et de traverses de chemin de fer, et le tout fut surmonté d'un tablier en bois, construit d'après le système américain.

Quant au tunnel de Montmédy, les assiégés l'avaient rempli de wagons et de locomotives, puis avaient fait jouer la mine à l'entrée et à la sortie. L'explosion avait eu lieu sur une longueur totale de 45 mètres.

On dut renoncer, par suite de cette circonstance, à employer les procédés ordinaires pour déblayer ce souterrain ; il fallut enlever les terres d'éboulement, les transporter sur les côtés de la voie, à l'air libre, et remettre au jour tout le matériel qui avait été enterré.

Le prix de ces labeurs fut l'utilisation de 11 locomotives et de plus de 400 wagons qui furent trouvés à Montmédy, et aidèrent à l'exploitation de tout ce réseau.

Le mois de janvier, si fatal à la France, démontre que la distance et l'éloignement de la mère patrie ne pouvaient arrêter les progrès de l'extension du réseau sur lequel s'appuyaient les armées allemandes, et que l'organisation des sections et des commissions de chemins de fer était conçue de telle sorte qu'on pouvait parer à toutes les éventualités.

Le 21 janvier, en effet, le service s'ouvrait déjà sur la ligne d'Orléans à Blois, et le 28 il l'était sur les lignes de Versailles au Mans et du Mans à Conlie, au rétablissement desquelles avait travaillé la deuxième section, qui suivait la marche des colonnes du prince Frédéric-Charles.

Au nord, la réparation des lignes de Paris à Laon et à la Fère permettait aux 66e et 87e régiments de la 16e brigade du 4e corps de l'armée d'investissement de se transporter, le

19 janvier, par voie ferrée, sur le champ de bataille de Saint-Quentin et de renforcer le corps du général de Gœben.

Du côté de l'est, où le général Bourbaki avait donné un instant de sérieuses inquiétudes, ce fut sur les chemins de fer que se portèrent les premiers efforts de Manteuffel dans son mouvement pour couper les Français de leurs communications. Le 21 janvier, les nœuds de ligne de Gray, Dôle et Vesoul, quelques jours après celui de Saint-Vit, étaient occupés, et l'interruption de la voie en ces points importants faisait tomber entre les mains des vainqueurs plus de 300 wagons chargés d'approvisionnements.

Cette tentative suprême de l'armée française avait été comme un mot d'ordre pour tous les corps de francs tireurs qui avaient pour mission de détruire les communications de l'armée allemande.

Ainsi, le 25 janvier, sur la ligne de Lyon, les ponts de Brienon, celui de la Roche-sur-Yonne, furent détruits ; les rails furent enlevés sur une certaine étendue entre Montereau et Moret, et les postes d'étapes de Saint-Florentin, Brienon, la Roche, Pont-sur-Yonne, Villeneuve et Joigny furent attaqués et surpris.

Les réparations occasionnées par ces pointes hardies furent confiées à la quatrième section prussienne et à la section bavaroise, et demandèrent plus de huit jours de travaux assidus.

Quelques jours auparavant, le 22 janvier, une troupe régulière de francs tireurs, d'environ 250 hommes, avait surpris le poste de la station de Fontenoy, à 9 kilomètres de Toul, et fait sauter le remarquable pont de sept arches, sur la Moselle, du chemin de fer de Paris à Strasbourg.

Cette interruption de la ligne d'opérations la plus importante des Allemands était très-grave ; faite plus tôt, elle aurait causé de sérieux embarras à l'armée d'investissement de Paris.

Malheureusement, la veille même, on venait de reconstituer le service sur la ligne de Metz à Reims par Mézières, qui, en se prolongeant par Soissons, débouchait sur Saint-Denis, de sorte que l'on peut presque dire, qu'il ne se passa pas un seul jour dans la campagne où l'armée n'ait été en relations, par voie ferrée, avec sa base d'opérations.

On sait quel terrible châtiment cet exploit hardi de nos corps francs attira sur la Lorraine. 10 millions de contributions extraordinaires, la destruction totale, par le pétrole, du village de Fontenoy, enfin l'extension à l'Alsace du système d'exposition des otages sur les locomotives, telles furent les mesures de répression qui indiquent combien l'ennemi avait à cœur de protéger ses voies ferrées.

Du reste, malgré la pénurie d'ouvriers (il fallut faire de véritables razzias pour se les procurer), les travaux furent poussés avec tant d'activité, que déjà le 31 janvier, les trains-poste pouvaient être remorqués sur une des voies rétablies à la hâte, et que le 4 février, le service fut entièrement réorganisé.

L'armistice conclu le 28 janvier, en arrêtant la marche des Allemands, sauf dans l'est, mit aussi un terme à l'extension du réseau ferré qu'ils exploitaient et qui aurait, sans nul doute, embrassé toute la France, dans le cas où la guerre eût été prolongée.

Les commissions de chemins de fer continuèrent à exploiter, dans tous les départements occupés, le réseau qui leur avait été livré par les sections de chemins de fer, et n'abandonnèrent ce service aux employés français qu'au fur et à mesure de l'évacuation du territoire.

Nous avons voulu, dans cette courte notice, rappeler quels

services considérables ont été rendus aux armées envahissantes par les sections de chemins de fer, et combien il importe, lorsque déjà l'Autriche et la Russie ont adopté cette organisation, que nous ne restions pas en arrière.

Nous donnons, à l'appui de cette étude, un croquis des lignes exploitées par les Allemands à la date du 1er mars 1871 ; on y verra qu'à part quelques embranchements secondaires, et commandés par les places fortes qui n'avaient pas été attaquées, la plus grande partie de nos lignes avaient été utilisées par l'ennemi.

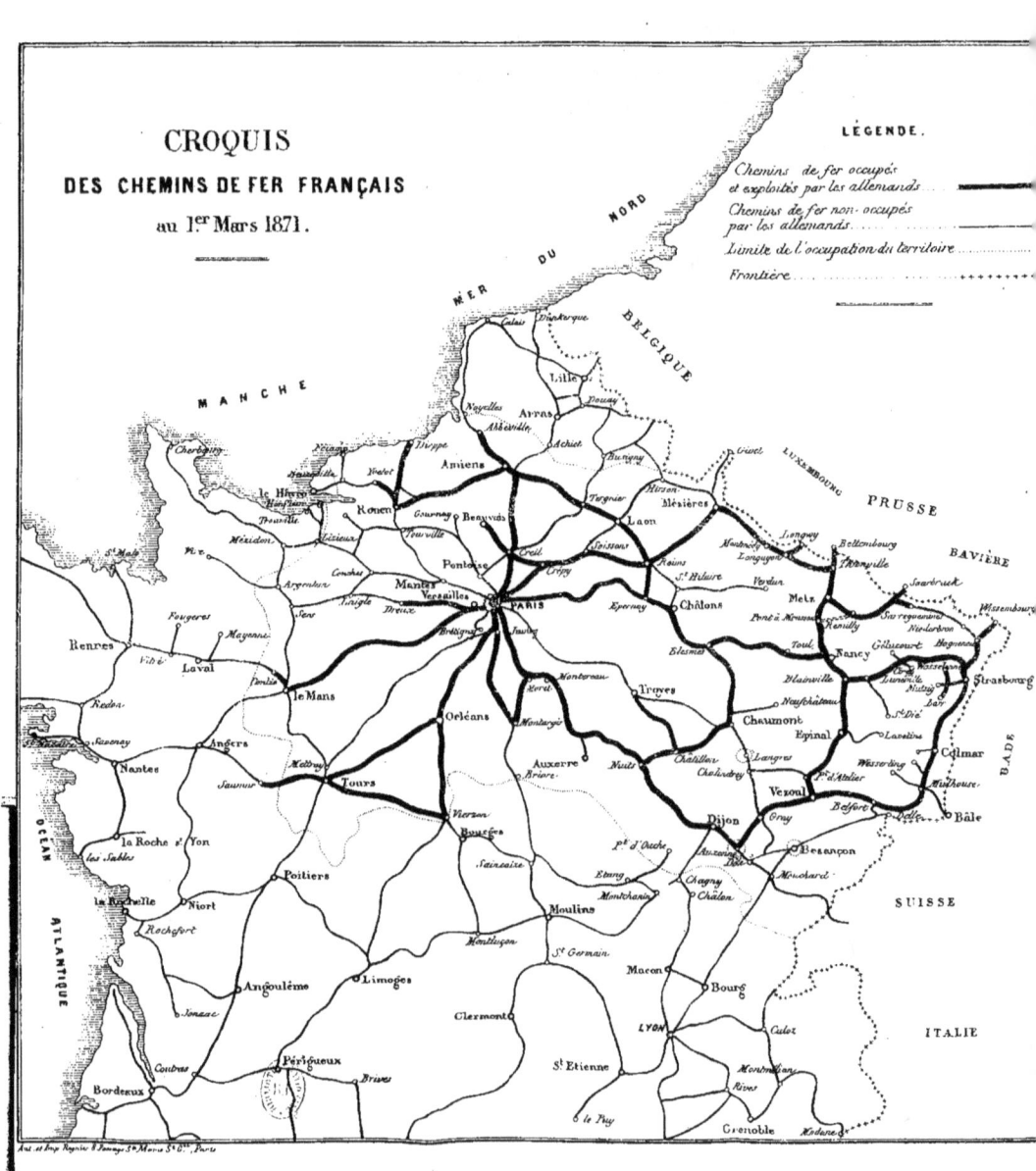

PUBLICATIONS DE LA RÉUNION DES OFFICIERS

EN VENTE

Manuel d'hygiène et de premiers secours, à l'usage des sous-officiers et des soldats. Traduit de l'allemand par M. le docteur Burckly. Br. in-12 . . . . 60 c.

L'armée prussienne; entretien fait à la Réunion des Officiers par M. Lahaussois, sous-intendant militaire. Br. in-12. 60 c.

Hygiène militaire; entretien fait à la Réunion des Officiers par le docteur Arnould, médecin-major de première classe. Br. in-12 . . . . 60 c.

Des tirailleurs, de leur instruction, de leur emploi; entretien fait à la Réunion des Officiers par M. Herbinger. Br. in-12. 60 c.

Principes rationnels de la marche des Impedimenta dans les grandes armées; entretien fait à la Réunion des Officiers par M. Baratier. Br. in-12. . . . . 1 fr.

Organisation de l'armée de l'Allemagne du Nord, recrutement et libération, par Witzleben. Traduit de l'allemand par le commandant Lemaitre. Br. in-8° . . . . . . 2 fr.

Instruction du 9 juin 1870 concernant le service de garnison de l'armée prussienne. Traduit de l'allemand par MM. Samion et Laplanche. 1 vol. in-12 . . . . . 1 fr. 25

Les canons-géants du moyen âge et des temps modernes, par R. Wille, lieutenant de l'artillerie prussienne. Traduit de l'allemand par MM. Colard et Bouché, lieutenants d'artillerie. 1 vol. in-8° . . . . 3 fr.

Les mitrailleuses et leur emploi pendant la guerre de 1870-1871, par Hermann comte Thürheim, capitaine bavarois. Traduit de l'allemand par E. J. Broch. in-8°. 1 fr. 25

Paris. — Imp. H. Carion, 64, rue Bonaparte.

www.ingramcontent.com/pod-product-compliance
Lightning Source LLC
Chambersburg PA
CBHW070538050426
42451CB00013B/3073